I0170283

Libérate
Con Conocimiento y Poder

Copyright © 2021 Roger De Jesús Muñoz Caballero

Publicado por: Cristo Libera

Ministerio de Liberación y sanidad

Seattle, WA 98115 USA

ISBN 978-0-9964859-9-9

www.cristolibera.org

All rights reserved.

Conocí al Pastor Roger Muñoz en el perfecto tiempo de Dios, en un momento clave de mi vida. Sus enseñanzas a través de videos y libros de Guerra Espiritual me han hecho entender de manera diferente la Palabra de Dios y comprender que como hijo de Dios estoy en una batalla 24/7. Sin duda el Pastor Roger Muñoz es un hombre de Dios escogido por el mismo Jesucristo para liderar y entrenar a un selecto grupo Elite de Guerreros, enviados para ayudar a preparar, limpiar, sanar y liberar a su amada esposa, para su segunda venida victoriosa. Doy gracias a Jesucristo por la vida del Pastor Muñoz y por la expansión mundial de este hermoso Ministerio.

EFRAIN BAYONA OMAÑA
CENTRO BIBLICO INTERNACIONAL.

Conocí al Ministerio Cristo Libera y al Pastor Roger a través de una situación difícil que estaba atravesando con mi esposa Ana, quién tenía 6 años padeciendo depresión causada por la muerte de su madre y unos de sus hermanos; mi esposa estaba tan depresiva que varias veces intentó contra su vida lanzándose al mar y llegó a tomar venenos; estuvo en hospitales psiquiátricos, los médicos le diagnosticaron esquizofrenia bipolar.

Cuando vi al Pastor Roger por YouTube, él estaba hablando de un caso parecido en una conferencia y solicité la ayuda para mi esposa. Mi amada esposa fue libre de un demonio llamado lucifer dijo tener 300 demonio en ese cuerpo quienes le dominaban y no le dejaban ser feliz.

Después de conocer al Pastor Roger y al Ministerio Cristo Libera, me capacite en Guerra Espiritual en la Escuela CLI y hoy en día Dios me está usando para liberar a otros en el Nombre de Jesús. Gracias Jesucristo por este Ministerio Cristo Libera Internacional.

PASTOR JOSÉ MIGUEL MATOS ALCÁNTARA
MINISTERIOS DE IGLESIAS CRISTIANAS BETESDA CASA DE GRACIA

En la literatura cristiana nos encontramos con diferentes libros que expresan verdades asombrosas, las cuales habíamos oído o visto, pero no las habíamos entendido.

En este libro el hermano Roger Muñoz, director del Ministerio Cristo Libera Internacional, nos da a conocer lo que significa la liberación de una manera sencilla pero a la vez con una profundidad única, porque nos permite conocer con detalles hasta ahora vistos pero no revelados sobre este campo, pero no solo eso, sino que también en esta lectura, nos enseñará, saliéndose de los paradigmas convencionales de la demonología, y en la práctica nos dirá cómo podemos practicar liberación con eficiencia y eficacia.

Con toda seguridad para quien lea este libro será un antes y un después de Cristo Libera Internacional.

—PASTOR JULIO ESCOBAR

IGLESIA TRUBU DE JUDÁ EN VENEZUELA

El Pastor Roger D Muñoz es un siervo de Dios el cual me ha enseñado como se hace realmente Guerra Espiritual mediante estrategias teóricas y prácticas reveladas por el Espíritu Santo de Dios. Toda esa información se encuentra plasmada en este libro y en múltiples videos donde nos enseña de una manera sencilla el ejercicio de la liberación y auto-liberación. He tenido el honor de trabajar con el Pastor Roger en el Ministerio Cristo Libera desde hace varios años y lo que Dios ha hecho en su vida ha sido para mí un ejemplo a seguir en honestidad, humildad, fe y obediencia a la Palabra de Dios. Le doy gracias al Señor Jesucristo por su vida y la de su hermosa familia.

—PASTORA NORMA ANGELICA OJENDIZ

IGLESIA CRISTIANA SEMILLERO DE ADORADORES EN MÉXICO.

Contenido

AUTOR

Roger D Muñoz, Casado y padre de dos hermosos hijos, es el hombre que Dios escogió para fundar y dirigir a Cristo Libera, un ministerio de Liberación y Sanidad con su sede principal en Seattle, Washington, en los Estados Unidos. Además de servir localmente, sirve en todo los estados de USA y el resto del mundo donde Dios escoja, donde haya necesidad de servicios de liberación a través de la tecnología del internet, teléfonos, cámaras de internet, usando traductores y a veces viajando a donde Dios le envíe y desee. En este Ministerio se han realizado miles de liberaciones, la mayoría de ellas se encuentran en su página de internet www.cristolibera.org y en el canal de YouTube.

Roger es fundador y presidente del Ministerio Cristo Libera Internacional, ha impartido Conferencias y Seminarios de Guerra Espiritual de manera presencial en distintos países y On-Line en distintos medios de Comunicación, entrenando a la Iglesia de Jesucristo: Apóstoles, Maestros, Pastores, evangelistas, profetas y líderes en general para hacer actos de liberación y Guerra Espiritual.

Ha escrito tres series de libros sobre el tema de Liberación los cuales son: SERIE LIBERATE, SERIE ENTRENANDO SOLDADOS PARA LA GUERRA ESPIRITUAL Y LA SERIE ESPECIAL PARA EL MINISTERIO CARCELARIO, son casi 30 libros al alcance de todos.

También es Director en la Escuela de Liberación CLI donde actualmente se capacitan de manera gratuita más de 15 0000 alumnos en 28 naciones, usando los medios de comunicación YouTube, WhatsApp hay aproximadamente 5000 personas sirviendo al Señor Jesucristo de Coordinadores, Maestros, intercesores y Ministros de Liberación.

El Pastor Roger Muñoz, está dejando un legado a aquellos que quieren aprender más acerca del ministerio de liberación.

PROPÓSITO

El propósito de este libro es que toda persona conozca las verdaderas causas de su enfermedad o situación difícil en la que se encuentra.

Analice de forma sencilla cuales son las principales puertas por donde entraron las entidades demoniacas para poder expulsarlas en el nombre de Jesús.

Conozca y utilice las estrategias reveladas por nuestro Señor Jesucristo a este Ministerio para hacer Guerra Espiritual de forma sencilla, práctica y efectiva.

Fortalecer a personas voluntarias desinteresadas para que se organicen, capaciten, oren y proclamen el mensaje de libertad en Cristo en todas las cárceles.

Alcanzar a las personas recluidas en centros penitenciarios y carcelarios para que conozcan que Jesucristo Salva, Sana y Libera.

BIENVENIDA Y PRESENTACIÓN

Para mí es un placer presentarles este Ministerio Cristo Libera Internacional, la Sede principal se encuentra en Seattle Washington, Estados Unidos; pero además de eso tenemos sedes en más de 25 países, Escuelas CLI en donde hay más de 15000 estudiantes, más de 1000 maestros, 500 Coordinadores y más de 25 Directores, (uno en cada país) y todo para el servicio de ustedes.

Cristo Jesús creó este Ministerio para su iglesia; el cual es paraeclesiástico ¿qué significa? que este Ministerio no es para crear iglesias o para formar Iglesias, sino que "**es para las iglesias**" para todos los que se entrenen en Guerra Espiritual.

Este curso está traducido en varios idiomas porque sabemos qué el cuerpo de Cristo lo conforma todas las lenguas, todos los idiomas; todas las iglesias evangélicas del mundo entero; por lo tanto, estamos al servicio de ustedes.

Les invito a estudiar todo este material, compártalo con sus amistades, con sus pastores, con sus hermanos cristianos, por las redes sociales para que todos aprendan lo que es la Guerra Espiritual.

Jesucristo quiere que su iglesia sea liberada, sea sanada. Hay muchos cristianos enfermos, hombres de Dios enfermos y él no quiere eso porque Él vino a llevarse todas las enfermedades; por tanto, el objetivo es que obtenga todo el material, lo use, lo estudie y le dedique tiempo. Hagamos esta oración:

Señor abre el entendimiento a todos los que van a estudiar estas clases, para que ellos sean transformados, conozcan la verdad y esta verdad los haga libres en tu nombre Jesús... Reprendo todo obra del maligno, todo espíritu maligno, lo ato y lo expulso de ahí en el nombre de Jesús, de sus mentes, de sus cuerpos, de sus cabezas, salen en el nombre de Jesús de inmediato ¡fuera de ahí! ellos van a recibir toda la información y todo este material en sus manos y ustedes no lo van a impedir por lo tanto demonios los ato, los encadeno en el nombre de Jesús y los envío para lo más profundo del abismo en el nombre de Jesús y no vuelven más ¡son libres ahora en tu nombre Jesús!!

Señor declaro a mis hermanos listos y dispuestos a recibir esta información tan valiosa y todo para honra y gloria de Jesús. >>Gloria mi Dios>> amén.

Bienvenidos a este entrenamiento de guerra espiritual de Cristo Libera internacional Pastor Roger Muñoz Director Fundador y Presidente del Ministerio.

BASES BÍBLICAS DEL PORQUE Y COMO HACER LIBERACIÓN

Dios les bendiga mis hermanos, la clase que presentamos ahora es: **10 bases Bíblicas de Por qué y cómo debemos hacer liberación.**

Esto quiere decir que hacer liberación es algo que forma parte muy importante del Ministerio de nuestro Señor y Salvador Jesucristo.

Les voy a mostrar a la luz de la Palabra que hacer liberación es Bíblico y no hacerlo <<hay un problema>>

I. Es el mismo Jesús que nos dio el poder y autoridad para hacerlo, **a usted y a mí nos ha dado la autoridad**.

    Lucas 9:1-2 *"Habiendo reunido a sus doce discípulos, les dio poder y autoridad sobre todos los demonios, y para sanar enfermedades. Y los envió a predicar el reino de Dios y a sanar a los enfermos"*

    Es el mismo Rey de Reyes dándonos esa facultad.

II. **Echar demonios es parte de la orden y es nuestra función.** Sabemos que lo principal es la salvación, pero también

13

sabemos que la liberación es una de las órdenes que Cristo nos dio.

Lucas 10:20 *"Pero no os regocijéis de que los espíritus se os sujetan, sino regocijaos de que vuestros nombres están escritos en los cielos".*

Nuestra prioridad siempre es salvación y que nuestros nombres estén inscritos en el cielo, hacer liberación debe ser algo común, de que los espíritus malos se sujeten, <<Eso es común para el cristiano>>.

III.   Los apóstoles continuaron haciendo lo que Jesús les enseñó, veamos…

Hechos 5:16 *"Y aún de las ciudades vecinas muchos venían a Jerusalén, trayendo enfermos y atormentados de espíritus inmundos; y todos eran sanados".*

Ya Jesús no estaba aquí, eran los apóstoles; así que recuerden que nosotros somos una extensión de ellos, el libro de los Hechos es un ejemplo para nosotros los cristianos, <<debemos hacerlo, tenemos que hacerlo>>.

IV.   Nosotros no somos los que liberamos, somos un medio, un simple instrumento, para que no piensen que nosotros los expulsamos, es Jesucristo el que libera en el Poder del Espíritu Santo, Él siempre tiene toda la gloria.

Romanos 15:18-19[a] *"Porque no osaría hablar sino de lo que Cristo ha hecho por medio de mí para la obediencia de los gentiles, con la palabra y con las obras [19] con potencia de señales y prodigios, en el poder del Espíritu de Dios".*

No somos nosotros Él lo hace a través de nosotros.

V. Es Bíblico averiguar información sobre la persona que será liberada, Jesús lo hizo, Él es nuestro modelo. Hay gente que dice que no se debe investigar, pero Jesucristo es nuestro modelo.

Marcos 9:21 *"Jesús preguntó al padre: ¿Cuánto tiempo hace que le sucede esto? Y él dijo: desde…*

Jesús le preguntó al papá del niño con ataques epilépticos y el papá le dijo que desde niño. Es Bíblico preguntar.

VI. A todos los demonios se les expulsa de inmediato en el Nombre de Jesús, pero a veces no se quieren ir, y es cuando se les empieza a interrogar; cual derecho legal que cree tener, preguntarles: el nombre, ¿cuántos son? ¿Quién es el de mayor rango? , con la finalidad de expulsarlos a todos. Ejemplo el Gadaleno.

Marcos 5:6-10 "Cuando vio, pues, a Jesús de lejos, corrió, y se arrodilló ante él.[7] Y clamando a gran voz, dijo: ¿Qué tienes conmigo? Jesús, Hijo del Dios Altísimo Te conjuro por Dios que no me atormentes.[8] Porque le decía: Sal de este hombre, espíritu inmundo.[9] Y le preguntó: ¿Cómo te llamas? Y respondió diciendo: Legión me llamo; porque somos muchos.[10] Y mucho le rogaba que no los enviase fuera de aquella región".

Así que a veces los demonios no se quieren ir (como en este caso), pueden preguntarle como Jesús <<Él lo hizo>>

Es Bíblico interrogar al demonio cuando no se quiere ir.

VII. La mayoría de las enfermedades son causadas por el pecado, por la desobediencia a la Palabra de Dios y cuando usted peca hay un alto porcentaje de que entren demonios en usted y son los que causan la mayoría de las enfermedades, pero todo el cuento fue **"la puerta que se abrió con el pecado"** veamos en:

Juan 5:14 *"Después le hallo Jesús en el templo, y le dijo: Mira, has sido sanado; no peques más, para que no te venga alguna cosa peor".*

Este hombre había sido sanado, Jesús lo encuentra después en el templo y le dice: Mira tú ya fuiste sanado <<ya caminas>>, pero una cosa te digo <<no vuelvas a pecar más>> porque si pecas te podría pasar algo peor. Nos damos cuenta, que la causa de que esa persona estaba enferma era por el pecado; es el paralítico Betesda.

VIII. En la persona casi nunca hay un solo demonio, por lo general hay varios y casi siempre hay un demonio jefe.

Marcos 5:9 Y le preguntó: ¿Cómo te llamas? Y respondió diciendo: Legión me llamo; porque somos muchos.

Era un demonio que estaba hablando, pues siempre hay un líder. Así que estamos hablando de la forma en que este Misterio hace Liberación, que es Bíblico porque todo está en la biblia.

IX.   Los cristianos si pueden tener demonios y son los únicos que pueden ser libres. "El Pan es para los hijos". Leamos este versículo Bíblico.

> *Mateo 15:21-28 "Saliendo Jesús de allí, se fue a la región de Tiro y de Sidón.[22] Y he aquí una mujer cananea que había salido de aquella región clamaba, diciéndole ¡Señor, Hijo de David, ten misericordia de mí! Mi hija es gravemente atormentada por un demonio.[23] Pero Jesús no le respondió palabra. Entonces acercándose sus discípulos, le rogaron, diciendo: Despide la, pues da voces tras nosotros.[24] El respondiendo, dijo: No soy enviado sino a las ovejas perdidas de la casa de Israel.[25] Entonces ella vino y se postró ante él, diciendo ¡Señor, socórredme![26] Respondiendo él, dijo: No está bien tomar el pan de los hijos, y echarlo a los perrillos.[27] Y ella dijo: Sí, Señor; pero aun los perrillos comen de las migajas que caen de la mesa de sus amos.[28] Entonces respondiendo Jesús, dijo: Oh mujer, grande es tu fe; hágase contigo cómo quieres. Y su hija fue sanada desde aquella hora".*

Los cristianos si pueden tener demonios, <<no deben>> <<no debería>> pero si pueden tener demonios y los tienen.

Todas las personas que les hemos hecho liberación son cristianas. <<El pan es para los hijos>> Así que el pasaje en Mateo 15 de la mujer sirofenicia, es un pasaje muy conocido… la mujer no era del pueblo de Dios, no era judía, en los términos de hoy <<No era cristiana>> por eso no calificaba para ser libre; porque la liberación es para los hijos de Dios.

El engaño qué ha habido es que la gente del mundo necesita ser libre y que esta full de demonios, la gente no cristiana; <<ahí ha estado el engaño>> de hecho la gente no cristiana tiene cantidad de demonios ¡Claro que sí! <<Pero no puede ser libre>> sólo aquel que es de Cristo puede ser libre de espíritus malignos.

X.   Debemos confesar nuestros pecados para que sean perdonados y sanados, estas son las 10 bases Bíblicas del porque y cómo debemos hacer liberaciones.

> *Santiago 5:16 Confesaos vuestras ofensas unos a otros, y orad unos por otros, para que seáis sanados. La oración eficaz del justo puede mucho.*

Es libro de Santiago fue dirigido a los cristianos, entonces nosotros debemos confesar nuestros pecados. Al confesar nuestros pecados, renunciar a ellos y apartarnos de ellos es la llave para ser libres y eso es lo que Dios quiere.

Bueno mi hermano, estas son las 10 bases Bíblicas con las cuales este ministerio se basa y práctica para hacer Liberación. Dios los bendiga a todos.

SÍNTOMAS DE OPRESIONES DEMONIACAS

Bendiciones mis hermanos Mi nombre es Roger Muñoz Director de Cristo libera internacional.

Vamos a conocer hoy los **síntomas de opresiones demoniacas**, <<Los más comunes>>

¿Por qué es muy importante Conocer estos síntomas?

Por medio de estos síntomas vamos a poder identificar qué demonios están en esa persona o en nosotros; así como el médico identifica las enfermedades por los síntomas, Igual nosotros.

En la Palabra de Dios hay muchos ejemplos de cuando Jesús liberaba, **"los síntomas que presentaban las personas";** Ahora bien, hay veces que no se ven síntomas <<sucede muy raras veces>> pero ahí están los demonios, no se perciben o nos hemos acostumbrado a esos síntomas y ya nos parecen algo cotidiano>>, algo de la vida normal, algo muy común y los hemos aceptado.

Analice su vida, va a identificar el nombre del demonio.
Por ejemplo:
Si tiene dolor, ese demonio se llama <<dolor>> y va a decirle <<espíritu demoníaco de dolor te vas en el nombre de Jesús>> ¡y se va! ¡Así de fácil!

Hay muchos síntomas, les voy a decir unos cuantos y al final también va a tener este listado de los síntomas. (Hay un listado muy grande).

Hay un síntoma que muchos cristianos lo padecen, es un **deseo compulsivo a blasfemar;** usted no quiere blasfemar, pero lo tiene en la mente, está orando y en lugar de decirle cosas buenas a Dios le dice cosas malas, <<Esas se llaman blasfemias>> pero son espíritus demoníacos que están ahí y que deben de ser expulsados.

Hay otro síntoma **como el rechazo a la Biblia**, la persona no quiere saber nada de la Biblia inclusive, la ve y le da un poco de rabia **<<Eso es un síntoma>>**

¡Hay muchos síntomas!

Las pesadillas <<son síntomas de opresiones demoniacas>>
Yo tuve muchos de esos síntomas, gracias a Dios que ya se me quitaron esas pesadillas desde hace muchos años atrás, desde que identifique que eran demonios.

Otro síntoma también son los sueños... Hay veces tiene sueños eróticos que no tiene por qué soñarlos y son repetitivos <<Síntomas>>
¿Ve la importancia de conocer esto?
<<Esto es Clave Mi hermano>> ¡Es clave! ¡Es clave! ¡Es clave!

A veces siente una profunda depresión y abatimiento <<Síntomas>>

Miedos... El miedo sabe usted que es una forma de evitar problemas, peligros... pero hay un tipo que la mayoría son espíritus demoníacos que están ahí y paralizan, incluso esa es una clase que tenemos y que usted más adelante va a escuchar.

La Rebelión y el odio o rechazo a la autoridad <<a nadie se somete>>. <<Son síntomas>>, detrás de eso hay espíritus malignos demoníacos.

La fascinación por el ocultismo.
Hay gente que le gusta el tarot y todo ese cuento del ocultismo, son síntomas de que en usted hay algo… <<hay que identificarlo y sacarlo enseguida>>.

Otro síntoma es **el odio**, está con amargura hacia otras personas siempre <<Síntomas>>

Mi hermano esto es una realidad, le doy gracias a Dios que yo he sido libre de tantas cosas que me había acostumbrado.

Otro síntoma es la ira. Personas que están con ira <<Son síntomas>>
Bueno yo sé que algunos de ustedes también les da ira "a veces", pero cuando se pone airoso y no para enseguida <<Ojo con eso>>

Burlas… hay gente que a cada ratito se paran ahí burlando, <<Hay síntomas que hay un demonio de burla>> Recuerden que la manifestación, ese síntoma, es el nombre del espíritu demoniaco, usted lo identifica, lo llama y lo expulsa, el espíritu demoniaco se va o se manifiesta cuando lo llama y lo expulsa en el nombre de Jesucristo.

Bueno ya les dije que las pesadillas son anormales.
Los deseos sexuales tremendos muy fuertes son anormales <<Ojo, Ojo>> lo más seguro es que haya un espíritu demoniaco ahí.

La depresión, <<no coma el cuento de la depresión hermano>> esa depresión casi siempre son espíritus demoníacos qué hay detrás.

La culpa irracional, una auto condenación al extremo, se para en que ¡yo fui! ¡Yo fui! ¡Yo Soy culpable! ¡Soy culpable! <<Tranquilo>> ahí hay algo que lo está condenando. <<Échelo fuera en el nombre de Jesús>>

Cambio repentino de actitud <<son síntomas>>
Lo que es la esquizofrenia o trastorno bipolar <<son Síntomas>>

Mentir, exagerar o robar compulsivamente; a veces se pregunta ¿por qué lo hago? Bueno hermano, hay algo ahí que no está bien, lo más seguro es que lo que está detrás ahí son espíritus demoníacos.

A veces está con una risa o llanto irracional <<Ojo>> Lo más seguro es que hay un espíritu demoníaco, inclusive a ese espíritu demoniaco lo encontré, es el espíritu demoníaco de la Llorona, no sé si en su tierra, pero en mi tierra yo escuchaba el cuento de la llorona, bueno… encontré a una hermana que no paraba llorando, y lo que se identificó ahí fue el espíritu demoniaco de la llorona, <<Tremendo, Tremendo>> ¡pero un llanto mi hermano que woooow! <<Tremendo>>

A veces escucha voces en la mente y siempre están hablando, eso es muy común <<Espíritus malignos que están ahí>>

Bueno ya les dije que el dolor… dolor de cabeza…yo era una de las personas que sufría mucho dolor… sobre todo en la espalda, en la parte baja de la espalda, yo pensaba que era por cuestiones del deporte, y no era así, <<eran espíritus demoniacos>> me tumbaron, me paralizaba las piernas, era un demonio que estaba ahí, gracias a Dios que también fui libre de todo eso.
También sufría de muchas alergias, ¿usted tiene esas alergias? <<Hay demonios ahí>>.

A veces se acuesta y siente que se queda paralizado su cuerpo, no se puede mover <<Yo era uno de esos>> <<SINTOMAS>> Gracias a Dios que todo eso se acabó, gracias a mi Cristo Jesús…

Ataques al corazón, taquicardias <<Síntomas que hay demonios y tienen que ser expulsados>>; a mí me pasaba así, más de tres veces me llevaron aquí en los Estados unidos de emergencia, con el corazón acelerado <<Eran demonios>> no lo sabía en ese entonces, pero ahora sí y fui libre de esas taquicardias tremendas… así que usted no coma el cuento de eso.

Son muchos los síntomas de opresiones demoniacas que es necesario que las conozca para que los expulse.

Hay gente que sufre de enfermedades, lo más seguro que haya demonios de enfermedades ahí, recuerde que por el tipo de enfermedad está el demonio… por ejemplo si usted tiene cáncer hay un demonio de "Cáncer" en usted. Tiene que expulsarlo en el nombre de Jesucristo.

Así sucesivamente, hablo de cosas personales que pasaron en mi vida, los dolores, la alergia, la gripa… **hay gripas comunes, pero algunas no lo son así, con las defensas bajas y temperaturas altas <<Ojo>> yo era uno de esos… gracias a Dios que ahora <<nada>>, incluso llega la época de gripa y <<nada>> Eran espíritus demoniacos que estaban ahí.**

Eso del covid, que la persona siente que se asfixia, bueno hay un demonio de asfixia, se expulsa… o el de asma.

Hay personas que sufren de ataques epilépticos <<Espíritus demoniacos de ataques epilépticos>>
Entonces de acuerdo al síntoma, al diagnóstico que descubre o le dicen <<Está el demonio ahí>>

Esta información es de vital importancia para practicar liberación o para que usted se haga autoliberación.

23

Practique inmediatamente lo que ha aprendido, haga un autoanálisis de cómo está su vida, su esposa, sus hijos, su familia, vaya identificando los síntomas en cada uno y practique.

Ejemplos:
La rebeldía: hay niños rebeldes, hay un espíritu de rebeldía.
Rechazo: a donde vaya se siente rechazado, no lo quieren y se siente a un ladito, lo más seguro es que hay un espíritu de rechazo.

Mis hermanos tenemos más de 61 síntomas, si identifica tener alguno o varios necesitan liberación.

Siga estudiando estas clases para que aprenda liberación, se haga autoliberación y también enseñe liberación, ese es el objetivo… <<Multiplicación>>

Hermanos, Dios me los bendiga y sigamos en la próxima.

DÓNDE VIVEN LOS DEMONIOS EN UN CRISTIANO.

¿Dónde viven los espíritus malignos en un cristiano?
¿Pueden los cristianos tener demonios?

Este es el tema que vamos a desarrollar ahora.
Una de las herramientas que usa el enemigo es el engaño, la mentira, la confusión, y ha confundido a muchos cristianos con referente a este tema; entonces aquí va a conocer donde viven o dónde pueden vivir los demonios en un cristiano. (En usted pueden vivir).

Sabemos que el Espíritu de Dios mora en nosotros, está con nosotros <<Y es correcto>> entonces decimos: <<Dónde está el Espíritu de Dios no pueden vivir los demonios>> ¡y es cierto! Y esto es lo que vamos a aclarar hoy.

Primera medida:
El ser humano es tripartito: Tenemos Espíritu, alma y cuerpo.
El cuerpo: como ustedes pueden ver, es la carne… aquí, Esto es la carne, Este es el cuerpo, <<este es uno>>.
El alma: nuestros pensamientos, el raciocinio, Nuestro pensar, todo eso es nuestra alma.
El Espíritu: es pues, el que nos da la vida, este es el Espíritu... entonces son tres.

Los espíritus malignos no habitan en el Espíritu <<NO>> habitan en la carne, habitan en el alma, en los pensamientos, en el raciocinio… Ahí es que habitan los demonios, los espíritus malignos, <<en el Espíritu no habitan>>.

El Espíritu Santo de Dios habita y se comunica con nosotros por medio de nuestro Espíritu, Él no se comunica por nuestra alma, por acá, por acá, por acá... se comunica por medio de su Espíritu, con nuestro Espíritu, ahí es donde habita el Espíritu Santo de Dios... <<así de sencillo>> en la Biblia habla de un templo, el templo de Dios... (Puede buscar en la Biblia) Estaba representado por tres partes: afuera el atrio, lugar santo y lugar santísimo en donde entraba una sola vez el sacerdote, una sola vez al año... Ahí es donde moraba Dios... Dios no moraba aquí, ni allá... moraba ahí, en el lugar santísimo, donde estaba la vara de Aarón que retoño <<ahí moraba>> Eso era el templo de Dios en el Antiguo Testamento... entonces ahí queda aclarado... la confusión era esa.

Esto <<es sencillo>> y si usted quiere ahondar más, investiguen, vayan al antiguo testamento, incluso también en parte del nuevo testamento, donde nos habla del templo de Dios... Así que mis hermanos, esto es algo que usted debe de empezar a decirle a la gente, sobre todo a nuestros hermanos cristianos para que ellos conozcan la verdad y la verdad los haga libres, el conocimiento es muy importante y muy clave.

Espero que, a través de esta explicación, le haya quedado claro en donde habitan los espíritus malignos; De hecho son los que nos enferman nuestro cuerpo, (lo enferman ellos) ¡¡así es!!

Recuerden: ¡vean las siguientes clases, compartan, inviten a sus amistades a estudiar este material! Gloria a Jesucristo que ya viene pronto ¡Aleluya!

¿QUIENES CALIFICAN PARA SER LIBRES?

Bien mis hermanos, ¿quiénes califican para ser libres? esto es muy importante. En esta clase va a conocer cuáles son esas personas que califican o cuales son las condiciones o requisitos que tiene para poder tener el privilegio de ser libre de espíritus malignos.

Conocer esos parámetros para poder calificar y ser libre de espíritus malignos, eso es una tremenda bendición, porque hay personas que no califican, ya que tienen ciertas actitudes que los llevan a no poder ser liberados de espíritus malignos.

Esto es bueno saberlo, para que cuando le vaya a practicar liberación a alguien, inmediatamente se dé cuenta si esa persona califica o no califica y no se desgaste haciendo Liberación y desafortunadamente esa persona no va a poder ser libre.

Esta es una herramienta tremenda para que maximice su tiempo que es muy importante. ((Hago una pequeña aclaración)), Cristo Jesús vino para darnos libertad a todo el mundo <<a todos>>, pero como el ser humano tiene libre albedrío y el Señor es Caballero…una de las primeras cosas para que una persona califique a ser libre es:

1. **La persona debe ser de Jesucristo**. Tiene que ser un hijo de Dios (haber recibido a Jesucristo en su corazón). Y si la persona no es un cristiano <<no califica>>

Tome la bendición de presentarle a Cristo, que haga la oración de fe, ese es uno de los requisitos. (El más importante).
Marcos 7:27 (RVR1960)

"Pero Jesús le dijo: Deja primero que se sacien los hijos, porque no está bien tomar el pan de los hijos y echarlo a los perrillos".

2. **La persona tiene que arreglar su vida con Dios a través de Jesucristo, pero también arreglar su vida con los demás,** si tiene pelea con alguien hay que arreglar eso, si ama Dios pero no al prójimo, es mentira que ama a Dios ¡Así de sencillo es!

Si le va a hacer liberación a alguien y esa persona no califica, no hace los pasos que debe de seguir y se mete a hacerle liberación por compasión o algo así, se puede meter en un lío con el demonio y con Dios; porque los demonios también tienen derechos, (así como lo escuchó) usted tiene derechos, **los demonios también tienen derechos legales.**

Si esta persona se encuentra en pecado, (fornicación, adulterio, peleando con todo el mundo) los demonios tienen derecho legal de hacerle daño a usted; recuerden a Adán cuando pecó cedió el derecho a satanás tuvo y todos los demonios tenían derecho de dañar a todos nosotros, <<Había derechos>> se pierden los derechos cuando peca o hace algo indebido; le entrega ese derecho a los Espíritus malignos.

Vemos pues que es muy importante saber a quién le vamos a practicar liberación.

3. **La persona debe estar congregándose en una iglesia.**

Hay personas qué dicen que son cristianos, pero no se congregan en una iglesia. En estos tiempos es un poco complicado por el asunto del covid (es comprensible), pero si hay congregaciones que dan servicio. Si la persona dice que es cristiana y no va a ninguna iglesia entonces hay problema. En los videos de liberación que tengo en el canal de YouTube hay muchos casos, quizás los ha visto, hay una persona que dice que es cristiana pero no es cristiana, no se congrega, es mentira.

Cuando la persona no conoce de Cristo y quiere ser liberada, tiene que hacerle la oración de fe e inmediatamente evangelizarla para que conozca a Jesucristo, si se da cuenta que la persona tuvo un verdadero arrepentimiento, nota una verdadera tristeza por haberle fallado a Dios, por no haberlo conocido antes, entonces puede practicarle liberación, es calificada a ser libre.

También hay casos extremos en los hospitales, va a hospitales o a una casa donde hay un enfermo, la persona no conoce de Dios, no conoce de Cristo, está bien mal, puede practicarle la libración a la persona siempre y cuando acepte a Jesucristo. Si acepta a Jesucristo y todavía tiene cosas pegadas en la puerta, en la cama, un santo, no le haga Liberación todavía, porque la persona tiene que dar fruto de qué es de Cristo Jesús.

Recuerde que estamos hablando de ¿quiénes califican para ser libre entonces es muy importante?

4. La persona que quiera ser librada debe buscar la liberación; nunca obligue a alguien que se haga Liberación porque no va a funcionar, la persona debe aceptar que usted le va a hacer Liberación esto es clave porque es muy diferente a la oración.

5. La persona también debe creer que puede ser liberada, la fe es importante, porque sin fe es imposible agradar a Dios, la duda es una atadura, **entre más cerca este la persona de Dios y tenga más fe es más fácil la liberación.**

6. Procurar que la persona llene el formulario de liberación, (Se encuentra en este libro) coloque toda la información de su vida. Si la persona no quiere llenar el formulario, por razones injustificables, por favor no le haga liberación, porque lo más seguro es que haya orgullo, contienda. Algunos dicen. <<No, Jesús no usaba ningún formulario, yo tampoco lo haré>> hay personas son contenciosas y esto no es para pelea, esto es para personas humildes. La obediencia trae bendición.

Es importante que use el formulario, y más si usted va a iniciar en el ejercicio de la liberación, mientras más información tenga de la persona es más fácil la liberación.

7. Que la persona no sea contenciosa, que no discuta. Hay gente que le gusta discutir, o piensa que es mayor que la persona le hará liberación, o cae en discusiones teológicas, no se complique, aquí el que crea, califica para ser liberado, es muy importante. No se desgaste.

8. La persona debe ser un cristiano humilde, no debe estar practicando el pecado.

A menos que la persona se arrepienta. Una persona que confiesa tener un pecado de pornografía y quiere ser libre, usted le hace la pregunta: ¿Cuándo fue la última vez que vio pornografía? Y le dice:

Hoy fue la última vez, ayer, hace poco… **No califica… la persona debe de dar frutos dignos de arrepentimiento.**
Esos casos los he encontrado y no, **no califica**… Cálmate estás son muy en serio y las cosas de Dios son muy enserio.
No se apresure a correr y hacer liberación así nada más, esto es con calmita.

9. La persona también debe estar en orden con todas autoridades.

Hay personas, cristianos que en los trabajos no respetan a los jefes, que dónde van a nadie respetan.
La persona tiene que estar bien con todos, ser luz en este mundo de tinieblas… ser buen ejemplo… esas personas así no califican.

Recuerden que el principal punto para **que la persona califique a ser libre es que tiene que ser de Jesucristo, tiene que ser cristiana, el pan es para los hijos;** Recuerdan la mujer sirofenicia, extranjera no era del pueblo de Dios, vino a Jesucristo y le imploraba a Jesucristo que le expulsara el demonio a la hija y Jesús se negó al principio, **el pan es para los hijos** así de sencillo, es para el Cristiano.

Si no ha aceptado a Jesús como su Señor y Salvador y desea hacerlo ahora, por favor repita esta oración:

"Señor Jesús eres el Hijo de Dios que viniste a morir por mis pecados en la Cruz del Calvario, hoy te acepto como mi único Señor y Salvador, perdona mis pecados, acepto tu perdón, escribe mi nombre en el Libro de la Vida, Espíritu Santo ven a mi corazón, a mi vida y mora conmigo, Gracias Jesucristo, hoy me consagro a Ti. Gracias Jesucristo por darme la oportunidad de empezar una nueva vida contigo"

¿CÓMO SALEN LOS DEMONIOS EN UN CRISTIANO?

El siguiente tema es:

¿Cómo salen los demonios? ¿Cómo se manifiestan? ¿Cómo salen de la persona? ¿Cómo sabe que el demonio salió, que el demonio se fue, que el demonio ya no está?

Este tema es muy clave; en la Palabra de Dios hay pocos ejemplos al respecto, pero Jesús liberó a mucha gente, al igual que sus discípulos.

Antes quiero aclarar que a veces no se presenta ningún síntoma, ninguna manifestación de que el demonio se fue <<pero se fue>>, así como llegan sin que uno se dé cuenta, así se pueden ir sin que uno se dé cuenta.

En Marco 9:14 y otro versículo más aparece, dónde Jesucristo liberó y las manifestaciones fueron visibles, de cómo el espíritu mudo y sordo que salió, lo tiró al suelo.

Hay muchas formas, pero voy a decirle algunas de las formas que hemos encontrado con nuestra experiencia.

- Hay espíritus demoniacos que salen **por eructos**, empiezan a eructar, salen gases o a veces la persona defeca. Porque se está liberando. Se están saliendo los demonios.
- **Por movimientos involuntarios**: se sacuden sus manos, todo su cuerpo (Están saliendo los demonios)

- No es muy común pero a veces salen **por gritos,** un grito desgarrador y se fue. (en la biblia encontramos un caso).
- **Por lágrima:** Son gotas gruesas y cristalinas.
- **Por vómito:** es muy poco común en el ministerio pero a veces salen por vómito. Por eso es muy necesario tomar la precaución de tener utensilios como papel, una vasija o algo por si de pronto ocurre alguna de estas formas.
- Otros salen **por bostezos.** Está bostezando durante la liberación, los demonios están saliendo.

Entonces esas son las formas muy comunes que hemos encontrado de cómo salen los espíritus demoniacos de una persona o de un animal, recuerden que también ellos pueden entrar en animales; aunque ellos entran al ser humano porque se quieren manifestar, se quieren mover, quieren actuar y entran al ser humano.

Al inicio les comenté que a veces no se presenta ninguna manifestación, pero usted siga la liberación, recuerde los pasos de confesión y renuncia y expúlselos en el nombre de Jesús.

Cuando usted haga liberación a alguien, esté atento a sus movimientos, a lo que está haciendo para que sea un indicio de que la persona está siendo liberada.

Les aconsejo lean, vean y adquieran todas las clases de Guerra Espiritual, necesitamos que usted aprenda todo lo que Dios ha traído a este Ministerio y comparta esto.

LA LLAVE PARA LA LIBERACIÓN

La clase que nos toca ver ahora es muy clave, **"La llave para la liberación"**; es clave para que usted sea liberado o para que le explique alguien que va a ser liberado.

El primer paso es confesión, después arrepentimiento, renuncia, perdón y aceptación, <<esos son los pasos, esta es la llave para la liberación>> "sencillo"

Miren este ejemplo: quiero que hagan esto con cada pecado que tengan o hayan cometido, recuerden que los van a confesar, se van a arrepentir de eso, que haya verdadero arrepentimiento, y que renuncie, pídale perdón a Dios y acepte el perdón de Dios, le van a ayudar las clases anteriores y posteriores que estamos compartiendo, una de ellas es acerca del formulario; entonces, se va a guiar con ese formulario de preguntas y va haciendo lo que les voy a explicar ahora.

Por ejemplo: va a decir así; (si es el caso de pornografía)

"Mi Señor Jesús te confieso el pecado de pornografía, me arrepiento y renuncio a ese pecado y te pido que me perdones Jesucristo", *gracias por perdonarme, lo acepto, gracias Jesús*, <<demonio de pornografía y afines no te quiero, no te acepto, te rechazo en el

nombre de Jesús>>, así que ¡fuera de mí!, ¡fuera!, ¡fuera en el Nombre de Jesús!, ¡fuera!, ¡fuera!. ¡Fuera!.

Así lo sigue haciendo hasta que el demonio se vaya, hasta que el caso sea resuelto.

A medida que va haciendo esto, uno por uno, se irá sintiendo más libre, más liviano, más liviano, así que esta es la llave para la liberación, para su auto liberación mi hermano.

Todo lo que les he explicado, son cosas que he vivido y lo he hecho y también he hecho liberaciones, todo lo que les comparto son experiencias que por las cuales he pasado.

Cuando usted peque, no espere días para hacer esta oración, ¡no!, hágalo lo más pronto posible, porque entran demonios en ese momento, y si le da más tiempo a eso, más demonios entran, enseguida, arréglelo de inmediato, pecó y enseguida ore; "Señor Jesucristo vengo a tu presencia Señor, te pido perdón por este pecado, Señor yo renuncio a ese pecado, me aparto de ese pecado".

Hace estos pasos que le acabo de explicar y luego de que renuncia y le pide perdón al Señor, expulsa al demonio; <<demonio ya oíste, así que no tienes derecho legal sobre mí, así que el nombre de Jesús ¡fuera!, ¡fuera de mí ira!, ¡fuera!, ¡fuera! sea persistente en esto que es muy importante.

La falla de muchos, de la mayoría de cristianos es esta: Que pecan, le piden perdón a Dios, se arrepienten, aceptan el perdón, ya son perdonados enseguida, pero la parte de expulsar el demonio no lo hacen. **Ya renunció al pecado, ya fue perdonado, pero el demonio no se va... por el simple hecho de no expulsarlo ¡no!** <<**al demonio hay que expulsarlo en el nombre de Jesucristo>>, <<expúlselo en el nombre de Jesús>>, porque ya arregló ese pecado con <<Dios, usted tiene que decirle; "En el nombre de Jesús demonio, fuera de mí, de mi familia, te vas con todas tus cosas de aquí en el nombre de Jesús, no tienes ningún derecho legal, ya oíste que Dios me perdonó, ¡Te vas!" y se v**a.

Esto es muy importante, hágalo. Yo lo hice desde el principio cuando conocí y aprendí de este ministerio, me senté con una hojita, con un lapicero, en unas horas de la mañana, en la mesa del comedor solito renunciando a pecados y expulsándome demonios en el nombre de Jesús "fuera, ¡fuera!" así quedé libre de muchas cosas.

Mi consejo es; practique esto, practíquelo, practíquelo, enseña a otros esto y también haga los demás cursos que tenemos, adquiera todo este material, tenga todo este material que tenemos nosotros, tenemos 29 libros de guerra espiritual para que estudie y adquiera todo este conocimiento que viene de parte de Jesucristo para usted, Cristo quiere que su pueblo adquiera conocimiento, que su pueblo adquiera la verdad porque la verdad libertad, la mentira esclaviza, el conocimiento liberta, el no conocimiento esclavizar, entre más conocimiento adquiera, más libertad va a obtener, así que hágalo, hágalo, aproveche que ahora todos estos cursos están aquí y están también todo este material para usted, hágalo, eso es para su bien.

SEIS PUERTAS GENERALES DE ENTRADAS DEMONIACAS

Dios los bendiga a todos mis hermanos, les saluda Roger Muñoz, director general de este Ministerio Cristo Libera, el tema que vamos a estudiar hoy es muy importante, "Las seis puertas principales de entrada Demoniacas" así que preste mucha atención.

Es muy importante que estudie las clases anteriores ya que les ayuda a comprender más y aprender más sobre lo que es liberación y Guerra Espiritual, y lo más interesante es que entre más conocimiento adquiera, usted va a ser libre porque estará conociendo la verdad.

¿Por qué es muy importante conocer las seis puertas principales o generales de entradas demoniacas?

1. Porque de esa manera será libre.
2. Porque si va a hacer liberación, le será más fácil hacerlo ya que por esas seis puertas es por donde ingresan los espíritus malignos a destruirnos.
3. Porque es muy importante saber cómo sacar esos demonios que pudieron haber entrado por esas puertas.

A. PUERTA NÚMERO 1 MALDICIONES GENERACIONALES

Son aquellos pecados que cometieron sus padres, abuelos, bisabuelos; vienen de las puertas de atrás, de toda la generación pasada, usted no tiene ninguna culpa, pero ya recibió esa maldición de parte de ellos; desde el vientre de su madre le llegan esas maldiciones y es necesario conocerla para que corte con eso.

¿Cómo puedo saber si hay maldiciones generacionales?

Sencillo, se hace un autoanálisis. Por ejemplo: Si sufre de diabetes y analiza si su papá y abuelo también sufrieron o sufren de diabetes, <<está ahí la maldición>> esos demonios que estaban allá pasaron a usted, eso se llama maldición generacional)

Es importante que desde este momento vaya analizando su vida, identificando si las cosas que está sufriendo o pasando viene de algún familiar de su generación (de atrás), si ve ese enlace, esa conexión es la maldición en usted; <<así de fácil es>>. Si siempre anda enojado, rabioso o con despecho, con depresiones, enfermo, se casa y se divorcia constantemente, cosas que no son normales, adulterios, fornicación, delitos, etc., compárelo con sus padres, abuelos, bisabuelos; averigüe, indague, pregunte si alguno de sus antepasados tenía algo de eso.

B. PUERTA NÚMERO 2 PECADOS PROPIOS.

Son los pecados que usted o yo cometimos antes de conocer a Cristo o conociendo a Cristo, cada pecado que nosotros cometimos es transgresión de la ley, hay consecuencia y entran enseguida espíritus malignos por culpa del pecado que se cometió.

C. PUERTA NÚMERO 3 TRAUMA Y ACCIDENTES.

Son todos los traumas que ha tenido desde la infancia, si los ha tenido, por ahí entran muchos espíritus malignos (los demonios) Por ejemplo: un accidente, una pérdida de algún empleo, la muerte de algún familiar querido, de un amigo muy querido, eso lo traumó; <<ahí entran demonios>>, así que debe de tener mucho cuidado con los traumas.

La mayoría de las mujeres tienen muchos traumas, desafortunadamente nosotros los hombres hemos sido muy malos con las mujeres y las hemos hecho sufrir, eso trae traumas y entran muchos espíritus de rechazo, de dolor, de depresión, enfermedades, artritis, etc., esa es una puerta muy amplia.

D. PUERTA NÚMERO 4 PALABRAS DE MALDICIÓN.

Son palabras que le hayan lanzado o usted haya lanzado, no es solamente la palabra que dice "TE MALDIGO" "MALDITO" hay gente que dice así y entran enseguida demonios de maldición y de muerte.

También hay palabras mal dichas, por ejemplo: ERES UN TONTO, ERES UNA BRUTA, ERES UN TORPE, ERES UN GORDO, ERES UNA GORDA, son palabras denigrantes, son palabras de maldición, están saliendo demonios. Por eso Jesús dice en su Palabra; bendecir y no maldecir.

Entonces los demonios van entrando… y si es usted el que lanzó esa palabra, lo que se siembra se recoge; también a usted le están entrando los demonios, <<usted envía y usted recibe>>.

Esto es muy común, analice su infancia si no hay demonios ahí.

E. PUERTA NÚMERO 5 PACTOS.

Los Pactos también son muy comunes, las dedicaciones son pactos, por ejemplo: no podía nacer o estaba enfermo/enferma, entonces su mamá o su papá se lo dedicó al santo del pueblo o al Buda, a cualquiera objeto a cambio de que usted sea sano <<son patos<< desde ese momento quedó ya pactado con un demonio que supuestamente tiene derecho legal sobre usted, <<eso es muy común de los pactos>> hay gente que hasta se cortan y hacen pactos de sangre; con todos esos pactos se abren puertas y entran los demonios.

Si tiene algún familiar que es masón o satanistas por lo regular ellos hacen pactos con satanás y le entregan su generación, así que posiblemente algunos de ustedes pueden tener demonios de pactos que son un problemón.

F. PUERTA NÚMERO 6 BRUJERIAS.

La puerta número seis son las brujerías-hechicerías.

Sea que a le haya lanzado o usted haya lanzado a alguien brujería.

Eso también es muy común que en lugar de que busquen una pistola para matarle, buscan al que sabe de brujería o buscan en internet como ponerle fea, flaco, matarlo, etc., hacen muñequitos con cosas de colores y hacen brujería a la gente.

Entonces ya tiene 6 puertas de entradas generales por donde entran los espíritus malignos, está detectando por donde fue que entró la enfermedad o si el problema que tiene es por alguna de esas puertas que originó a que entraran demonios en usted.

La buena noticia es que Jesús vino a deshacer las obras del maligno, entonces esa maldición generacional, esas palabras de maldición las elimina con lo que hizo Jesús en la cruz del Calvario, Cristo se hizo maldición, porque *escrito está: Maldito es aquel que es colgado en un madero, Gálatas 3:13.*

Esa maldición que traía, por parte de sus antepasados o por lo que usted mismo pecó <<Cristo las quitó>> los demonios lo saben y lo saben desde hace mucho tiempo, pero los demonios no se van así nada más (tiene que expulsarlo **Marcos 16:17**).

¿Cómo lo expulsa? le dice:

Demonio tú estabas ahí por eso, pero Cristo quitó todas las maldiciones… derriba sus argumentos con la Palabra de Dios **(Gálatas 3:13, Colosenses 2:13-15)**, ahora sí…demonios en el nombre de Jesús ¡Fuera!, ¡Fuera! **(Insístale porque no se quieren ir)** ¡Fuera de mi en el nombre de Jesús no tienen ningún derecho legal porque esa maldición Cristo la quitó, escrito está *Maldito es aquel que es colgado en un madero*! No tienes ningún derecho legal ya ¡Fuera! ¡Fuera! ¡Fuera! ¡Fuera para el abismo en el nombre de Jesús! <<Usted lo expulsa>>

Igual con el pecado que usted cometió, idéntico <<Cristo lo quito>>porque está escrito: *sin derramamiento de sangre no hay perdón Hebreos 9:3,* Cristo toda su sangre la derramó por lo tanto todos tus pecados han sido quitados.

Entonces si el demonio dice: __Yo estoy aquí porque ella pecó. __yo estoy aquí porque los abuelos pecaron, etc…

41

Derriba sus argumentos y le dice: "Si" ellos pecaron pero Cristo se hizo maldición en la cruz del calvario, *Jesucristo, me lavó con su sangre. En él tenemos redención por su sangre, el perdón de pecados según las riquezas de su gracia. Efesios 1:7,* así que no tienes derecho legal sobre mí, ¡Fuera de mi en el nombre de Jesús! ¡Fuera de mí, de mi familia, de mi hijo, de mi esposa, en el nombre de Jesús! ¡Fuera! ¡Fuera para el abismo en el nombre de Jesús! ¡Fuera!, ¡Fuera! <<Usted lo expulsa>>

Los pactos demoniacos igual.

Cristo en la cruz con su cuerpo y sangre hizo un pacto de sangre y por el pacto de sangre de Jesucristo, el nuevo pacto, el único que vale para usted y para mí; por lo tanto esos pactos que hicieron en los antepasados, esos pactos que hicieron de brujería o lo que sea, ya han sido anulados porque Cristo Los quitó; *Mateo 26:28 porque esto es mi sangre del nuevo pacto, que es derramada por muchos para el perdón de los pecados.*

Así que demonio de pactos ¡Fuera de mí en el nombre de Jesús! ¡Fuera de mí, de mi familia, de mi hijo, de mi esposa, en el nombre de Jesús! ¡Fuera! ¡Fuera para el abismo en el nombre de Jesús! ¡Fuera!, ¡Fuera! <<Usted lo expulsa>>, la obra de Jesucristo fue excelente y completa.

Las brujerías. Todo lo que es brujería lleva un mandato: hacen el muñeco, le dicen palabras de maldición y allá va el demonio a ejecutar la orden.

En el Nombre de Jesús cancela esa brujería:

En el nombre de Jesús ese conjuro, ese rezo lo destruyo, lo cancelo, se acabó…ese muñeco lo destruyo, esa agüita la destruyo… ahora sí: demonios de brujería ¡Fuera de mi, de mi familia, de mi hijo, de mi esposa, en el nombre de Jesús y te llevas en el nombre de Jesús todas las enfermedades enseguida! ¡Fuera! ¡Fuera para el abismo en el nombre de Jesús! ¡Fuera!, ¡Fuera! <<Usted lo expulsa>>, que se lleve todo lo que el trajo; si le está robando la salud, que se lleve la enfermedad, si le desordenó el cuerpo, la mente, las finanzas, que lo ordene antes que se vaya en el nombre de Jesús.

Así es esto, por eso la importancia de estas puertas y que usted se memorice las seis puertas de entrada demoniacas, porque es por ahí que entran los demonios, ¿va a hacer liberación? ¡Ya usted conoce cuales son las puertas, los identifica y los expulsa en el nombre de Jesús!

Esto es básico para hacer liberación o auto liberación. ¡Gloria a Jesucristo que hizo la obra completa en la cruz del calvario!

1 JUAN: 3:8 El que practica el pecado es del diablo; porque el diablo peca desde el principio. Para esto apareció el Hijo de Dios, para deshacer las obras del diablo.

COMO MANTENER LA LIBERACIÓN

Cómo mantener la liberación, cómo mantenerse en victoria después que usted es liberado.
Esto es muy importante conocerlo, ¿por qué? Porque de nada sirve que usted sea liberado de demonios, de enfermedades y al rato tenga demonios otra vez, la misma enfermedad, ¡No!

Es muy valioso mantener la liberación, la liberación se mantiene a diario; manteniendo la puerta cerrada, tome conciencia de esto y es por eso que cuando nosotros practicamos liberación, le sugerimos que tome los cursos de Guerra Espiritual ¿para qué? Para que en ese curso aprenda como mantener la liberación. En **Mateo 12** vimos a Jesucristo hablando.

Mateo 12, capitulo 12:43-45 dice el Señor: *Cuando el espíritu impuro (o sea demonios) salen del hombre, anda por lugares secos buscando reposo, pero no lo halla. Entonces dice: "volveré a mi casa, de donde salí." Cuando llega, la halla desocupada, barrida y adornada.*
Entonces va y toma consigo otros siete espíritus peores que él, y entran y habitan allí; y el estado final de aquel hombre viene a ser peor que el primero. Así también acontecerá a esta mala generación.

El enemigo va a procurar volver, o de pronto ese demonio se fue pero, los demonios que están por ahí alrededor saben que fue libre porque digamos que el demonio líder de la región sabe que había un demonio y que fue expulsado y le va a procurar enviar más demonios. Así que tenga mucho cuidado, mantenga la liberación;

Santidad es una de las cosas que el Señor nos exige ¡santidad! Porque **sin santidad nadie vera al Señor.**

En Juan 5:13-15 dice:
Y el que había sido sanado no sabía quién fuese, porque Jesús se había apartado de la gente que estaba en aquel lugar.
Después le halló Jesús en el templo, y le dijo: Mira, has sido sanado; no peques más, para que no te venga alguna cosa peor.

Recuerdas el paralítico enfermo, Jesucristo lo sanó y encontró a esa persona después en el templo, y le dijo: *mira que has sido sanado, no peques más para que no venga alguna cosa peor.*

Entonces sin preámbulos veamos.

Pasos para mantener la liberación:

1. **La clave es Jesucristo. Esa es la clave número uno.**
   Tiene que amar y consagrarse a nuestro Señor Jesucristo su Rey

2. **Tome por costumbre de orar constantemente.**
   Ahora tiene que aprender a orar, con oración guerrera, y en los cursos enseño ese tipo de oraciones de guerra, memorice oraciones de guerra espiritual

3. **Escuchar música cristiana.**
   Cuide, manténgase escuchando la música cristiana, las alabanzas, incluso, cuando yo, recién convertido, una de las cosas que me ayudó bastante fue la música, las canciones, las alabanzas cristianas, ¿Por qué? uno recién convertido, tiene pensamientos raros de demonios, ya gracias a Dios no sufro de eso, de demonios en la mente de uno, siempre recordando de que aquella amiguita y que no sé qué, cosas rara así, entonces yo aunque sea un solo disco, empezaba a

escucharlo, el disco se acababa, y seguía en mis sentidos, en mis pensamientos, la musiquita, y seguía escuchando; así que escuche la música las alabanzas cristianas, cristianas evangélicas, eso es clave.

4. **Manténganse, estudiando la Palabra, la Biblia.**

Estudie la Palabra y viva la Palabra de Dios, eso es importante, cuando valla a estudiar la Palabra de Dios dedique tiempo de calidad a la Palabra, quiere decir que si va a durar quince minutos, hágalo concentrado, comiéndose esa Palabra, por ejemplo, va a leer: *de tal manera amó Dios al mundo que dio su hijo unigénito para que todo aquel que en él cree, no se pierda más tenga vida eterna*, la va a estudiar,… Tremendo el amor de Dios que impulsó a enviar a su hijo amado Jesucristo, a su hijo Jesucristo, para darnos vida, para que crea en Él, tenga vida eterna, entonces la clave aquí es Jesucristo.

De esa forma le va a sacar el gusto, a la Palabra, aunque sea un poquito, la idea es que dure más tiempo de calidad que cantidad, haga eso por favor.

Yo le hago aquí una pequeña recomendación por favor, sabemos que hay que ayunar, orar y estudiar la Palabra de Dios: pero a mucha gente le gusta:

- Ayunar, (pero no están orando, ni estudia la Palabra)
- Oran, oran (pero no está estudiando la Palabra de Dios)

Ahí hay un problema, entonces ¿cómo va salir Palabra de vida de usted?, si no estudia la Palabra de Dios, que es la base, es tener Palabra, y cuando hable, va a decir, va a sacar, a declarar Palabra de Dios, de *tal manera amó Jesús al mundo* y le dice, el *que mora bajo a cobijo del altísimo, morará bajo la sombra del omnipotente….* ya está guerreando, bajo *la sombra del omnipotente,* está sacando Palabra, está orando la Palabra de Dios, *que mayor es el que está conmigo que en el que está en el mundo, así que no temeré*, y ya va dando, es importante que estudie la Palabra de Dios, es clave, memorizar versículos, debe hacerlo para que mantenga la liberación y es hermoso.

5. **Hágase miembro de una iglesia cristiana de sana doctrina.**
   - Hágase miembro de esa iglesia,
   - Participe en las actividades de la iglesia,
   - Sirva en la iglesia,
   - Hable con el pastor y métase a estudiar estudios teológicos o lo que sea,
   - Métase en las actividades de la iglesia,

   Hágase miembro de la iglesia, eso es lo que quiero decir, no solamente que vaya un domingo y se regresa para atrás no, usted sirva en la iglesia, busque que hacer.

6. **Ayude a ser libres a otros.**
   Una de las formas para mantener la liberación es ayudando a otros a ser libres, por eso los cursos de liberación, haga los cursos, aprenda, para que ayude a otros, a sus familiares, ayude a la gente, eso a le va a ayudar bastante a mantener la liberación, cuando ayuda a alguien más a ser libre.

7. **Otro punto que usted debe hacer y ese va a ser tajante, deje las malas amistades.**
   Esas amistades que tiene en el mundo, <<córtela>> principalmente ahora que fue libre. Deje las malas amistades pero tenga las sanas amistades, porque si corta la mala amistad y se queda encerrado en su casa, no, no,

intégrese a la iglesia y trate de buscar, sanas amistades, igual a usted, cristianos, personas que odien el pecado, gente que es sabia, gente con sabiduría, el que anda con sabios más sabio se hace, entonces busque sabiduría, ande con personas así, conviva con los hermanos, eso es clave.

8. **Hermanos si cae o recae en pecado, inmediatamente confiese pecado, y pida perdón a Dios.**

Confesando, pida perdón a Dios, para no dar oportunidad a que los demonios vengan y si el demonio entró ya, porque los demonios entran con rapidez, expúlselo, si confiesa el pecado al Señor, eso sí, apartase de ese pecado, apártese de ese camino, tiene que pedir perdón a Dios por ese pecado. ¡Amén!

PUNTOS CLAVES EN LA LIBERACIÓN

• **Es clave que la persona, antes del día de la liberación ya haya arreglado su vida, ya haya pedido perdón.**

Que esté bien con Cristo y sobre todo, debe de ser de Cristo, tiene que ser de Jesucristo para que califique, haber hecho la oración de fe, esto le va ayudar mucho.

• Que conteste el formulario que se le entregó, no se apresure y corra a echar demonio, ¡no cometa ese error! usted con calma, con calmita, no se apresure, porque recuerde:
  o **Esto es una guerra y las liberaciones hay que hacerlas con mucha sabiduría y mucha calma, mucha calma.**

o En el momento de la liberación, es aconsejable siempre que la persona que va a ser liberada se prepare una media hora antes:
  o **Se ponga de rodillas ante nuestro Señor Jesucristo, ante Dios a confesar pecados.**

o El día de la liberación, en el momento de la liberación.
  o **Si la liberación va a hacer por teléfono o por WhatsApp, o con cámara, que la persona esté sentada y esté libre.**

49

- Si es por WhatsApp, el celular debe estar fijo, (no con el celular en la mano), la persona, ya está en frente de usted o por el teléfono, usted le pide a la persona, que:
  - **cierre los ojos, y que tome aire, que respire.**
  Que tome aire profundo y bote, unas cinco veces, con el objetivo que la persona esté totalmente relajada.
  Le dice en seguida en ese momento:
- **Ya comenzó la liberación, para que la persona no abra los ojos. (así lo hago yo), la persona, sigue respirando, acaba de respirar y "ya comenzó la liberación" incluso Cristo empieza a liberar a la persona en este momento.**

Hay que orar, antes de empezar la liberación y durante la liberación orar:
- *"Señor gracias por esta persona que vas a liberar, mi Dios... me pongo la armadura de Dios..." envía a tus ángeles aquí Señor... Espíritu Santo de Dios...*

Una oración corta, estando ya la persona con los ojos cerrados, o antes,
- *"me pongo la armadura de Dios, yo y mi familia, propiedades y todo y también los que están alrededor ahí, me cubro con la sangre de Jesucristo..."* esos detallitos los hago yo siempre, me ha funcionado siempre.

Entonces luego, es importante esto:
- **Esté atento a lo que está ahí viendo, ojo abierto, a los movimientos corporales que la persona hace, si ciñe los ojos, si ciñe las cejas, o movimientos, ya el demonio se manifestó, usted ya identificó el demonio, si ciñe las cejas, seguro hay un demonio de enojo, de rabia, de ira.**

Entonces usted ya sabe que es demonio de ira, ya puede llamarlo por su función, como le hemos enseñado aquí en el curso.

o Bien, entonces llama de rapidez al demonio de más alto rango, al demonio principal, el más poderoso que está ahí:

o *"En el nombre de Jesús, el demonio de más alto rango sale de ese hueco, de esa oscuridad, en el nombre de Jesús inmediatamente y se postra ante el trono de Jehová Dios"*

El demonio casi siempre se manifiesta, y si no se manifiesta, siga insistiéndole y luego que se manifestó, y dijo que era él demonio de más alto rango, siempre confróntelo con un:

o *"Lo puedes sustentar, ante el trono de Jehová Dios, que dices la verdad, que tú eres el demonio más poderoso que está ahí"*

Porque la idea que consiga al de más alto rango, si consigue al demonio líder, el del más alto rango, ya tiene gran parte de la batalla ganada, esa es la clave, después de que consiga al del más alto rango, ahora sí le va a preguntar el derecho legal que tenga ahí:

¿Tienes derecho legal de estar ahí? ¿Sí o no?
Aplico varias formas hoy en día, como lo han visto, incluso les aconsejo que vean videos de liberación, vean todos mis videos y también de ministros que tenemos aquí en el ministerio que ya hacen liberación, véanlos, vean, entre más aprendan, más fácil será cuando haga la liberación.

o Bien, entonces hay varias formas que aplico, puede hacerlo y funciona.

o **Llamamos al demonio de más alto rango y le preguntamos si tiene derecho legal, ¿sí o no?**

Si no tiene derecho legal, bueno sencillo, no tiene derecho legal, puede expulsarlo, pero antes de expulsarlo, le dice al demonio que está ahí:

- **que repare todo el daño que le haya hecho o le está haciendo a la persona.**

Como tiene ya el formulario, ya sabe de la persona, de que sufre, o si no tiene usted el formulario, (para eso es el formulario porque debe tenerlo siempre), le dice al demonio que repare todo el daño que está haciéndole:

- **Por favor enfóquese en las enfermedades y también enfóquese en la parte económica.**

Porque esos afectan en las dos partes, enfóquese, entonces a que repare todo el daño.

- **De ellos y también de los hijos, nietos y de todo mundo, que repare, que repare, y damos unos segundos para que lo repare. De pronto que lo reparó, lo confronta que si ya lo hizo. ¿Lo puedes sustentar, ante el trono de Jehová Dios que dices la verdad?**

Si ya repararon la deuda y todas esas cosas, en acreedores, negocio, demonios que regó, ya todo lo arreglo.

- **Entonces le dice que saque todos esos demonios, al del más alto rango, ¡sacalo! todo siempre en el nombre de Jesucristo.**

El empieza a sacarlos a todos, después que termina y los sacó todos, lo confronta.

- **¿Lo puedes sustentar, ante en trono de Jehová Dios que dices la verdad que ya lo sacaste?**

Va a decir sí o no, si dice si, bueno ya listo, la persona ya está lista, ya usted coronó ya, la persona fue libre ya.

Bien, a ese demonio de alto rango, que hemos encontrado, tiene su reino y él manda sobre su reino y saca todo su reino.

Pero también a veces, nos hemos encontrado que hay varios demonios de alto rango ahí, con otros reinos, entonces lo que hace es:

o   Que este demonio que está hablando con usted, lo pone como jefe de todos los reinos que están ahí, y aquellos que están como jefes, les ordena en el nombre de Jesús, que se sujeten a este demonio, entonces yo le digo así:

"demonio, mira demonio, ¿hay más demonios de altos rangos ahí? "si hay otros, que no son míos" a ok, mira te voy a poner como jefe de todos esos demonios que están ahí para que tú los saques todos " entonces yo le digo; *"todos los demonios de alto rango, están ahí, todos los demonios que está ahí en el nombre de Jesús, les quito el estatus de alto rango, a todos ustedes en el nombre de Jesús, ahora todos ustedes demonios, se someten a este demonio que está ahí, le obedecen en el nombre de Jesús, ok, demonio de más alto rango te coloque como jefe de todos los demonios que están, ahora tu sácalos todos, en el nombre de Jesús"*

Los saca a todos y deja a la persona, limpia, todo limpio.

¿Ya que estas tu solo ahí? "Si", lo sustenta ante el trono de Jehová Dios que dices la verdad, ¿estás tú solo? "Si" bien, bien ¿y de los hijos? "Si" a ok, entonces ahora sí, recoge, empaca, mete todo a tu maleta y a tu mochila y te marchas en el nombre de Jesús,

¿Por qué les digo así yo? Por la experiencia que tengo mi hermano, porque al principio me decían los demonios, "y me llevo mi trono" ¡llévatelo! (Con que también tienen un trono) "me llevo no sé qué", "me llevo un hígado", "una cosa dañada", ¡llévatelo!, entonces yo le digo:

"empaca todo lo que tengas por ahí tú y mete en tu maleta, tu mochila y te marchas de ahí en el nombre de Jesucristo, para el abismo en el nombre de Jesús". **Digo siempre para el abismo, para el abismo.**

Entonces así se hace la liberación, y ya la persona queda bien ahí. ¡Libre para honra y gloria de Jesucristo!

Otro escaneo.

Es aconsejable, hágale otro escaneo, porque hay demonios que a veces se esconden, así les cuento que se esconden y no se van, eso es un cuento, entonces vamos a hacer un escaneo. ¿Cómo se siente? "que siento un dolor aquí"

Otro escaneo para ver que hay escondido ahí.
En el nombre de Jesucristo, ¿hay algún demonio asociado con esta persona por ahí escondido? ¿Sí o no? si estás por ahí escondido en el nombre de Jesús que se manifieste ahora, aparece en el nombre de Jesús enseguida, insiste tres o cuatro veces.

Si no pasa nada la persona, ya fue libre, ¡gloria a Cristo Jesús!, pero si aparece, ahora sí, lo regaña:
Demonio ¿por qué te escondiste? Y luego, luego lo saca

Eso siempre hágalo, recuerde también que aquí, cuando la persona ya es liberada, es aconsejable que le diga:

Recibe la llanura del Espíritu Santo de Dios…y usted: Espíritu Santo de Dios llena a esta persona, llénala más y más, llénala más y más;
Puede hacer eso, y listo la persona ha quedado libre ya. ¡Gloria a Dios!

Ahora bien, esa persona fue libre y debe ahora mantener esa liberación, insístale que estudie, que mantenga la liberación, que de los pasos, incluso, allí hay, en la página, una información para que la persona siga los pasos de *"cómo mantener la liberación"*, todo, que la persona lo haga ahí, porque debe buscar santidad y que también aprenda liberación para que ayude a otros, porque eso ayuda mucho a mantener la liberación, cuando uno ayuda a alguien, uno aprende y ayuda a otra gente en la liberación.

Hermanos así se hace la liberación, hay una clase que está aquí, esta clase es muy importante porque hemos aprendido, como conquistar, como hacer una liberación masiva y como conquistar ciudades, pueblos, hasta países, más rápido, es el proceso de cómo hacer liberación.
Procure no colocar, no imponer manos. Después le voy a explicar esa parte, no coloquen muchas manos, a veces yo coloco manos, "a veces" esporádicamente coloco mano, pero realmente no coloco mano, solo con la palabra, solo con la palabra.

ORACIÓNES DE GUERRA ESPIRITUAL

Para librarse de las maldiciones generacionales.

Yo renuncio, no acepto y me separo, de todas las maldiciones generacionales y niego permiso a todo espíritu demoníaco. Escuchen todos los demonios familiares y generacionales; ustedes no tienen ningún derecho legal, ni poder, ni autoridad sobre mi (Aquí su nombre…), esa maldición fue anulada ya, Jesucristo la anuló en la Cruz porque está escrito: "Maldito el que es colgado en un madero" Jesús se hizo maldición para llevar todas nuestras maldiciones en la Cruz, Él ya pagó totalmente la deuda, Así que **¡FUERA, FUERA, FUERA EN EL NOMBRE DE JESUS!**

Para romper las ataduras sexuales.

Si usted se unió sexualmente con alguien, sea una persona o animal, se hizo uno solo, quedaron atados. En este ministerio de liberación se han encontrado demonios de animales.
1 Corintios 6:16"¿O no sabéis que el que se une con una ramera, es un cuerpo con ella? Porque dice: Los dos serán una sola carne."
En el caso de haberse unido varias veces sexualmente con alguien (esto es muy común hoy día), usted quedó fragmentado, dividido en varias partes (hablando espiritualmente). Debe

romperlos todos, porque se formó una atadura de almas que hay que destruir, hágalos con mucha paciencia. Puede seguir el mismo modelo por ejemplo:

Mi Señor Jesús te confieso el pecado de fornicación, me arrepiento, renuncio a ese pecado y te pido que me perdones en el Nombre de Jesús, gracias por perdonarme, lo acepto. Demonios de fornicación y afines, no los quiero, no los acepto, el rechazo en el Nombre de Jesús.

Yo ahora en el nombre de Jesús arranco y destruyo toda ligadura o atadura entre "María" y yo, arranco y le entrego de regreso la parte del alma de "María" que estaba en mí, y llamo de regreso la parte de mi alma que estaba en "María" hacia mí. ¡Listo! Se rompió la atadura ¡Soy libre! Por lo tanto demonios **¡FUERA DEMONIOS DE ATADURAS DE SEXO EN EL NOMBRE DE JESUS, FUERA!**
Nota: si no se acuerda del nombre está bien pero recordar algo es suficiente, hágalo de todas maneras.

Oración Para perdonar efectivamente.

Sencillo, si no hay perdón, no hay libertad, sí usted no pide perdón o si usted no perdona, no puede ser libre. Y lo peor; su salvación está en juego, el Padre no lo perdonará.

Mateo 6:14-15   Porque si perdonáis a los hombres sus ofensas, os perdonará también a vosotros vuestro Padre celestial; 15más si no perdonáis a los hombres sus ofensas, tampoco vuestro Padre os perdonará vuestras ofensas.

En lo que más pueda, hágalo personalmente, telefónicamente, por cartas, de cualquier manera, muy importante, sea detallista, específico al hacerlo.

Por ejemplo:

Cuando esté con la persona diga: María vengo a pedirte perdón por el daño que te hice, reconozco que te ofendí al calumniarte, hice mal en hacerlo, no debí haber dicho que estabas robando, era mentira, tú eres muy correcta, perdóname.

Y después usted aparte: Mi Señor Jesús te confieso el pecado de calumnia, de mentira, me arrepiento, renuncio a ese pecado y te pido que me perdones en el Nombre de Jesús, gracias por perdonarme, lo acepto. Demonios de calumnia, de mentira y afines, no los quiero, no los acepto, los rechazo en el Nombre de Jesús.

Nota: si no le acepta el perdón está bien, ya usted cumplió con Dios. Si el agravio fue público, entonces, usted debe pedir perdón en público también, en frente de las personas que vieron la ofensa. Una sugerencia, empiece por sus más allegados, esposa, hijos… Etc. Igual así hágalo con los que ha usted dañado u ofendido.

Para ser libre de Pactos.

He encontrado muy en común que hay pactos demoníacos hechos por nosotros mismos, o pactos en nuestras pasadas generaciones que nos afectan; ellos pactaron con Satanás sus futuros nietos y generaciones a cambio de dinero, poder… Etc., es necesario ser libre de esos demonios que están cumpliendo esos pactos, de hecho, ellos están ilegalmente ahí porque esos pactos quedaron anulados con el Pacto de Sangre de Jesús en la Cruz del Calvario.
Mateo 26:26-28 Y mientras comían, tomó Jesús el pan, y bendijo, y lo partió, y dio a sus discípulos, y dijo: Tomad, comed; esto es mi cuerpo.27Y tomando la copa, y habiendo dado gracias, les dio, diciendo: Bebed de ella todos; 28porque esto es mi Sangre del nuevo pacto, que por muchos es derramada para remisión de los pecados.
Pero como siempre, no se van así como así, hay que recordarles lo que hizo Jesús y luego echarlos.

Oración para destruir los pactos:

Gracias Jesucristo por el pacto que hiciste con tu propio Cuerpo y Sangre, Pacto de bendición, y poder. Demonios de pactos, ustedes están cumpliendo el pacto que se realizó, de hecho, están aquí por esa razón, si no hubieran hecho ese pacto ustedes no estuvieran aquí en esta persona (o en mí), Ahora, ustedes saben muy bien que esta persona es de Jesucristo, y Jesús con su Sangre hizo un Pacto que es Sagrado y Eterno. Es superior y anula todos los pactos. Por lo tanto, demonio tu pacto quedó anulado, destruido, no existe más, así que recoge todas tus cosas y te expulso de aquí ¡FUERA, FUERA! ¡EN EL NOMBRE DE JESUS!

Para ser libre de Brujerías, hechicerías.

También muy comunes (creo que es la moda), casi al 98% de todas las personas que han sido libres han tenido brujerías, ya sea que le pusieron brujerías a sus padres, abuelos, bisabuelos o a ellos mismos. Hago una aclaración aquí, si usted es cristiano le pueden echar brujerías, de hecho son a los que más les envían, pero los demonios enviados, que son los que ejecutan esa brujerías, no pueden entrar, Dios le protege. Sin embargo, ellos se quedan cerca de usted esperando o creando la manera que usted peque para poder entrar en usted, recuerden que ellos son muy astutos, es por eso que hay que estar siempre alerta.

Esta oración también la uso:

En el nombre poderoso de Jesús cancelo, destruyo y anulo todas las oraciones demoniacas, conjuros, rezos y maldiciones realizadas a mis comidas, bebidas, con objetos familiares como pelo y ropa, a través de mi nombre, con muñecos y fotografías. Le saco todas las agujas y alfileres, los desentierro y les quito todos los amarres, círculos, triángulos, tierra de cementerio, todo lo destruyo, ¡Se acabó! todo se rompió, se anuló la brujería, así que demonios de brujerías ¡FUERA, FUERA, FUERA! Su trabajo, su función, se acabó y no tienen ningún derecho legal, ¡FUERA EN EL NOMBRE DE JESUS!

Oración de confesión general de pecados.

Dios todopoderoso, creador de los cielos y la tierra y de todo lo que hay en ellos, te doy gracias por haber enviado a tu Hijo Jesucristo a darnos libertad y perdonar nuestros pecados, a través de Su preciosa Sangre derramada en la Cruz del Calvario. Jesucristo Tú me perdonaste y es por eso que yo perdono a todas las personas que me han hecho daño, burlado, desilusionado, humillado, despreciado, engañado, y robado, también que me perdonen por todo el daño que haya hecho. Jesús te pido que perdones todos mis pecados. Me perdono a mí mismo y acepto tu gran perdón a mi vida. Padre en el nombre de Jesús confieso que si algunos de mis antepasados o yo cometimos los siguientes pecados; te pido perdón. Y me arrepiento en el nombre de Jesús: Pecados de enojo, amargura, odio, rebelión, resentimiento, venganza, envidia, celos, pleito, duda, incredulidad, escepticismo, codicia, lujuria, lascivia, brujería, avaricia, depravación, impureza sexual, homicidios, contiendas, engaños, malicia, chismes, calumnias, enemigos de Dios, insolencia, soberbias, arrogancia, orgullo, rebelión, insensatez, insensibles, no misericordia, necedad, idolatrías, tomar el nombre de Dios en vano, no honrar a los padres, adulterio, robar, mentir, y todas las obras de la carne. Etc., te pido perdón en el nombre de Jesús. Gracias por el perdón. Lo acepto. Yo renuncio a toda maldición que haya caído sobre mí, mi familia, hijos, nietos, bisnietos hasta la tercera y décima generación. Yo denuncio totalmente los pecados de mis antepasados, yo totalmente me separo de las maldiciones generacionales. Y al hacerlo quiebro el poder y los derechos legales de Satanás en mi vida. Quiebro el poder de las maldiciones generacionales y niego permiso en mi vida a todo espíritu demoníaco. Me arrepiento, renuncio, quiebro y disuelvo todos los pactos satánicos. Por la Sangre de Jesús, por el pacto de Sangre de Jesús en la Cruz del Calvario; que es más poderoso que cualquier pacto demoníaco y anula todos los pactos, me libero de todo pacto con el diablo. Yo renuncio a todo voto no santo o impío, pacto, promesas, juramentos, o ceremonias demoníacas e impurezas y escojo ser libre de todos los permisos de maldiciones del ocultismo. Amen

Nota: Con esta oración de renuncia usted está en paz con Dios. Después de esta oración haga la otra para expulsar los demonios.

Oración de Comando General de Liberación.

En el nombre de Jesucristo me dirijo a todos ustedes demonios, principalmente a los de más altos rangos, a los demonios más poderosos, a los líderes en esta persona, escuchen lo que les voy a recordar, les digo recordar porque ustedes conocen muy bien la Palabra de Dios:

La palabra de Dios es para obedecerla, todos estamos sometidos a la Palabra de Dios porque es la ¡Palabra de Dios! Es la máxima autoridad del universo, del mundo, lo que está ahí escrito es lo que se obedece y no hay más discusión, Ustedes saben que el Señor es Santo, Santo, Santo es nuestro Señor y cuando pecamos Él se aparta, se enoja y es cuando ustedes entran a ejecutar esa maldición, ese pecado, y esa es la razón, la causa por el cual están ustedes en esa persona (José o Teresa). Si no hubiera pecado no estuvieran ustedes ahí, ustedes vienen a robar, matar y destruir pero el problema es el pecado.

Ahora bien, ustedes saben que esta persona es de Jesucristo y eso hace la gran diferencia, todo el castigo, sufrimiento que esta persona merecía por pecados de él y por los de sus antepasados mi Señor Jesucristo lo pagó, Jesucristo, el Hijo de Dios, vino a la tierra , nació de una Virgen, se hizo hombre, nunca pecó, pero él se hizo pecador y se puso en el lugar de este hombre y de la humanidad pecadora, Jesús fue humillado, golpeado, burlado, azotado, su sangre derramó y murió en la Cruz del Calvario, por supuesto que Jesús resucitó al tercer día y está sentado a la diestra del Dios padre, está vivo. Jesús recibió todo ese castigo y pagó con precio de sangre derramada en la cruz del calvario la libertad de esta persona, Jesús la justificó, además esta persona confesó sus pecados, está arrepentida y Dios la perdonó, tampoco es culpable de las maldiciones porque Jesús también se hizo maldición, las llevó, por lo tanto tu trabajo y tu función se acabó. No tienen ningún derecho legal. FUERA EN EL NOMBRE DE JESUS y se llevan todos sus demonios y enfermedades de él y de toda su familia. Fuera, Fuera, ¡Ato al hombre fuerte y los expulso a todos!

Importante: Esta oración se hace al final, después de haber llenado el formulario, confesados sus pecados y haber cancelado las brujerías, los pactos. Aclaración: Si después de haber hecho todo como se les explicó arriba, usted todavía sigue batallando con un demonio que no se quiere ir, es porque hay algo que lo detiene. Quizás tiene un derecho legal, dígale a la persona que le diga la verdad, que pecado tiene escondido o que lo trate de recordar. Que le pida al Espíritu Santo que nos lo revele, y si la persona no sabe cuál es; en este punto usted puede preguntarle al demonio cuál es ese derecho legal, luego se renuncia a eso y se le expulsa. Consejo: A las Siguientes oraciones les sugiero que les saque copia y las coloque en varias partes de su casa para que las pueda repetir constantemente.

NOMBRES DE DEMONIOS POR FUNCIÓN

Esta es una lista de demonios que hemos encontrado en nuestro ministerio, creo que les sería de gran ayuda, ya que son millones de demonios que hay. Además usted puede renunciar a ellos, uno por uno en caso de que exista alguno escondido, y de esa manera quitarles el posible derecho legal y echarlos en el nombre de Jesús. O usted puede mencionarlos uno por uno y expulsarlo cuando esté haciendo la liberación.

Les repito, en Cristo Jesús todas nuestras maldiciones están anuladas, y todos nuestros pecados están perdonados, siempre y cuando este usted en santidad, y no esté practicando el pecado; por lo tanto los demonios no tendrán derecho legal de estar allí, pero como es costumbre de los espíritus, no se van, se quedan, hay que expulsarlos y recuerde, siempre ordéneles que se lleven sus otros demonios y enfermedades.

1. Aborto
2. Aburrimiento
3. Adicción al cigarrillo
4. Adormecimiento
5. Agotamiento
6. Adulterio
7. Agüero
8. Alcoholismo
9. Alta presión
10. Amargura
11. Ambición
15. Artes marciales
16. Artritis
17. Asesino
18. Asma
19. Asmodeo
20. Ataque al corazón
21. Autocompasión
22. Autocrítica
23. Autoritario
24. Avaricia
25. Belcebú

12. Angustia
13. Argumentación
14. Arrogancia
29. Borrachera
30. Borracho
31. Bostezo
32. Burra
33. Cáncer
34. Cansancio
35. Ceguera
36. Celos
37. Codicia
38. Comezon
39. Concupiscencia
40. Condenación
41. Confusión
42. Cristo Negro
43. Culpa
44. Debilidad
45. Defensa personal
46. Demencia
47. Depravación sexual
48. Depresión
49. Derrota
50. Desamor
51. Desánimo
52. Desconfianza
53. Desesperación
54. Desesperanza
55. Desespero
56. Desobediencia
57. Desorden
58. Destrucción
59. Devorador

26. Bestialismo
27. Blasfemia
28. Bloqueo
29. Bloqueo mental
70. Enojo
71. Envidia
72. Epilepsia
73. Error
74. Esquizofrenia
75. Estrés
76. Estupor
77. Exhibicionismo
78. Falsa doctrina
79. Fatiga
80. Feo
81. Frío
82. Flojera
83. Fobias
84. Fornicación
85. Furia
86. Gibalai
87. Golpes
88. Gripa
89. Guía
90. Gula
91. Hechicería
92. Hereje
93. Homicidio
94. Homosexualismo
95. Incesto
96. Incredulidad
97. Incubo
98. Indecisión
99. Indiferencia

60. Diabetes
61. Dificultad
62. Disfagia
63. División
64. Doble ánimo
65. Dragon
66. Drogas
67. Duda
68. Enfermedad
69. Engaño
111. Infidelidad
112. Imagen (falsa imagen
113. Jezabel
114. Kung fu
115. Kundalini
116. Lascivia
117. Legalismo
118. Legión
119. Lesbianismo
120. Leviatán
121. Locura
122. Lujuria
123. Llanto
124. Lloro
125. Magia Blanca
126. Mala Suerte
127. Maldición
128. Maltratos
129. Mareo
130. María Lionza
131. Maricotonio
132. Masturbación
133. Matriarcado
134. Menosprecio

100. Indio Guacaipuro
101. Idolatría a imágenes
102. Idolatría a personas
103. Infarto
104. Inferioridad
105. Infertilidad
106. Inseguridad
107. Insomnio
108. Insuficiencia
109. Intranquilidad
110. Jehová, Testígos de
151. Palpitación
152. Pavor
153. Pelea
154. Pena
155. Pensamiento
156. Pereza
157. Perfeccionismo
158. Perversión sexual
159. Pesadez
160. Pesadillas
161. Pesimismo
162. Pobreza
163. Poder
164. Pornografía
165. Preguntón
166. Preocupación
167. Prepotencia
168. Prostituta
169. Rabia
170. Rebeldía
171. Rebelión
172. Rechazo
173. Resfriado

135. Mentira
136. Miedo
137. Monseñor
138. Mormón
139. Mudo
140. Nervios
141. Obesidad
142. Obeso, gordura
143. Obstáculos
144. Ocioso
145. Ocultismo
146. Oculto
147. Odio
148. Olvido
149. Opresión
150. Orgullo
192. Temor
193. Terror
194. Timidez
195. Tormento
196. Tristeza
197. Tumor
198. Vanidad
199. Verdugo
200. Vergüenza
201. Violencia
202. Yoga
203. Zabaraike
204. Zapote (Novela Piel de zapa)

174. Reúma
175. Robo
176. Rosacruces
177. Ruina
178. San Gregorio
179. Seduccion
180. Sensibilidad
181. Sexo
182. Sinusitis
183. Soberbia
184. Soledad
185. Sordo
186. Súcubos, forma de mujer
187. Sufrimiento
188. Suicidio
189. Susto
190. Taquicardia
191. Temblor (de miedo)

FORMULARIO DE PREGUNTAS

El objetivo de este formulario es encontrar las posibles puertas de entradas de los demonios. Por favor conteste con toda diligencia, detalladamente y sinceridad, ya que de esa manera se hará más fácil su liberación y sanación. **(Tenga papel y lápiz para que anote sus respuestas).**

Santiago 5:16
"Confesaos vuestras ofensas unos a otros, y orad unos por otros, para que seáis sanados".

Mateo 6:14-15
[14]"Porque si perdonáis a los hombres sus ofensas, os perdonará también a vosotros vuestro Padre celestial; [15]más si no perdonáis a los hombres sus ofensas, tampoco vuestro Padre Os perdonará vuestras ofensas."

En Jesucristo fuimos redimidos de la maldición de la ley, de las iniquidades, de nuestros pecados y los de nuestros antepasados, **Gal 3:13**. Pero los demonios no se van, se quedan sin derecho legal en nuestros cuerpos y el de nuestros familiares, por eso tenemos enfermedades y sufrimientos. Ellos lo hacen posible, por eso la clave es tratar en lo posible de conocer nuestros pecados y los de nuestros antepasados, para poder identificarlos, renunciar a ellos y expulsarlos con mayor facilidad y por consiguiente erradicar en nuestra familia maldiciones de diabetes, cánceres, alcoholismo, pobreza, etc.

FORMULARIO DE PREGUNTAS

Fecha_____Nombre Completo_____País, ciudad, Barrio.
Teléfonos_____ Correo Electrónico:_____ Edad_____
Soltero { }. Casado { }. Viudo { } Divorciado { } Conviviente.
{ }. Pareja/Novio { }   Cuántas veces:_____ Explique:
Profesión.: _____
Ocupación o función principal en su trabajo.
¿Cuál es su historial en la iglesia, con Jesucristo?
¿Aceptó a Jesús como su Señor y Salvador? {___} Cristiano
Evangélico (Protestante) {___} ¿Desde cuándo?
¿Ya se bautizó? a qué edad aproximadamente._____
¿Se bautizó en el Nombre del Padre, Hijo y Espíritu santo?
¿Diezma?___ ¿Cuántos hijos tiene? _____ ¿Son creyentes? _____

1. SECCIÓN DE LOS ANCESTROS, DE LOS ANTEPASADOS

Por favor investigue y escriba con calma todo lo que usted sabe o sospecha de sus antepasados, incluidos sus tíos, primos, familia actual y pasada, porque traemos maldiciones en nuestras familias que son causadas por ellos, y podrían estar afectándolo. En la mayoría de las liberaciones he encontrado demonios que han estado presentes desde antes del nacimiento. Les repito, las maldiciones y los pecados por medio de Jesucristo han sido removidos, pero los demonios no se van, se quedan, y son los que producen esas enfermedades.

¿Usted sabe si algunos de sus ancestros, padres, abuelos...ha hecho pactos, practicado, participado o sufrido de brujerías, limpiezas, baños de la buena suerte, adulterio, fornicación, divorcios, borracheras, perversión sexual, bestialismo, alcoholismo, enfermedades, depresión, trastornos mentales, diabetes, locura, adulterio, ira, actividades criminales, nacimientos fuera del matrimonio, satanismo? Escriba todo lo que el Espíritu Santo le traiga a la mente.

_____

_____

2. SECCIÓN DESDE SU CONCEPCIÓN HASTA SU NACIMIENTO

Trate de averiguar todo lo posible.

¿Cómo fue su parto? ¿Fue por cesaría? ¿Parto normal? Explique:
El momento que su madre quedó embarazada.¿Estaba enamorada? ¿Era un amor ocasional? ¿Estaba Casada? ¿Era consciente de engendrar? ¿Fue violada? ¿Estaba Borracha? etc.
¿Qué sabe usted? Explique:
¿Traumas, caídas, accidentes durante su embarazo? si { } no { }
Explique:
¿Fue rechazado? ¿No lo querían tener? ¿Tuvo un intento de aborto? ¿Palabras de maldición? Explique.
¿Ambos padres eran cristianos? Explique.

SECCIÓN - DESDE SU NACIMIENTO HASTA ADOLESCENCIA

¿Fue adoptado? Explique:
¿Conoció a sus padres? Explique:
¿Cómo fue su relación con cada uno de ellos? Explique:
¿Había peleas, griterías en su hogar? Explique:
¿Fue criado en un hogar cristiano? si { } no { } Explique:
¿Maldiciones habladas como: eres un flojo, no sirves para nada, eres un fracasado? Explique:
¿Dichos o frases como: Tienes manos de Lumbre todo lo que tocas destruyes...Etc?
¿Fuiste abusado sexualmente? Sí fue así ¿Quién abusó de usted?:

¿Fue abusado física y/o psicológicamente?:

¿Participó en juegos sexuales como papá y mamá… Etc.?:

¿Cómo fue su niñez? ejemplo: soledad, rechazos, peleas….Etc.:

¿Algunos de tus ancestros, padres, abuelos, bisabuelos, tatarabuelos o usted mismo ha sido o estado en congregaciones de:Testigos de Jehová, Unitarios, Mormón, Rosacruces, Nueva Era, Budismo, Pare de sufrir, Ateísmo, Ciencia cristiana., Masón, Satanismo… etc?. Explique:

¿Algunos de tus ancestros, padres, abuelos, bisabuelos, tatarabuelos o usted mismo han tenido o tiene algunas de las siguientes enfermedades: Esquizofrenia, locura, miedos, nervios, ansiedad, desórdenes mentales, tumor, cáncer, asma, diabetes...etc?. Explique:

¿Películas: de terror, miedo, violencia, muerte, pornográficas, sexuales, burlonas?:

¿Cuáles Videojuegos, Guija…etc. ha visto o jugado? ¿Nombres? Explique:

¿Juegos mágicos, luchadores, asesinos?:

3. SECCIÓN PREGUNTAS GENERALES:

¿Es usted orgulloso(a)?

¿Ha visto pornografía? Explique:

¿Se ha masturbado?.¿Ha visto o practicado aberraciones sexuales como: Sexo con animales, homosexualismo, lesbianismo, prostitución, etc.? Explique:

¿Ha visto o practicado la fornicación?.

¿Ha sido adultero?.:

¿Vive en unión libre, sin estar casado?.

Estas son puertas de entradas muy comunes para demonios:

Estas preguntas son para usted, su esposo o esposa, novio o novia; ya que cada persona trae consigo misma ataduras demoníacas de su pasado que también le podrían estar afectando, además estas preguntas se aplican al tiempo presente o pasado, es posible que ahora no las practique pero sí que antes las haya practicado.

¿Con cuántas novias(os), amigas(os) ha tenido sexo? Explique

¿Conoce o sospecha si alguna pareja pasada o familiar practica brujerías?

¿Cuántas veces se ha divorciado o separado?

¿Tiene o tuvo enemigos? ¿Ha peleado o está disgustado? Explique.

¿Usted tiene o le tienen envidia? Explique

¿Usó alcohol, drogas, cocaína, Marihuana...etc.?

¿Usted tiene tatuajes en su cuerpo? Explique

¿Usted tiene algún amuleto para la "Protección "o la "Buena suerte"…etc.?

¿Tiene o tuvo alguna imagen, objetos de idolatría, rosarios, estampitas de santos, o alguna otra relacionado al catolicismo? Están en su cuello, cuarto, casa, auto, oficina…Explique.

¿Ha sido bautizado ante algún "Santo" Ejemplo: Virgen del Carmen, San Gregorio…etc.? Explique

¿Por qué le pusieron su nombre? Por ejemplo, Usted no podía nacer y su mamá le oró a San Pedro y por eso se llama Pedro.

¿Usted ha hecho brujerías? ¿Pactos? Explique

¿Conoce o sospecha que hayan realizado pactos o brujerías en usted o sus ancestros?

¿Conoce a qué se dedicaban los anteriores inquilinos donde vive usted? ¿Qué pecados practicaban?

¿Oró o limpió espiritualmente su casa antes de mudarse?

¿Conoce de algún vecino cercano que practica el ocultismo?

¿Desde que se mudaron a esta nueva casa comenzaron problemas? Peleas, griterías, pesadez, escasez…etc. Explique

¿Siente ruidos extraños en su casa?

¿Ha tenido accidentes o traumas? ejemplos: atracos, choques de autos, operaciones… etc.

¿Cuáles son sus enfermedades, sufrimientos?

¿Qué medicinas toma?

¿Sufre de miedos? depresión, estrés…etc.

¿Se murió alguien muy cercano, querido a usted? ¿Familiares, amigos? Nombres y detalles.

¿Trabajó(a) en funerarias, hospitales o lugares relacionados a muerte, Sangre, dolor?

¿Tiene alguna adicción? detalles.

¿Ha practicado Yoga, karate, artes marciales?

¿Qué clase de música usted escucha ahora y antes de convertirse a cristiano? Detalles

¿Ha visto películas de terror, violencia, mágicas, Batman etc.?

¿Tienes pesadillas? ¿Son repetitivas? ¿Casi iguales siempre? Detalle

¿Le gusta y ve el boxeo, lucha, películas de acción? Detalle y señale los nombres de los actores principales que admira

¿Cuál es su Hobby, pasión? ¿En qué emplea más su tiempo libre?

¿Eres rebelde?

¿Odias?

¿Ha perdonado y pedido perdón? Explique

¿Ha maldecido a Satanás y a sus principados, gobernadores...etc.?

¿Te has estado enojado con Dios? Detalle

Haga un listado de todos sus pecados no mencionados arriba, aquí emplee buen tiempo y pídale al Espíritu Santo que le recuerde. Recuerde esto se hace para saber qué demonio se pudo quedar escondido para finalmente echarlo.

¿Cuáles cree usted que son las causas de su problema? En esta sección escriba lo que usted crea que es importante que debemos saber para que contribuya a su liberación y sanidad.

RECOMENDACION FINAL

**Regístrese en nuestra Escuela De Liberación Cristo Libera
Ponga en práctica todas estas Armas de Guerra Espiritual
Evangelice con nuestras series de libros Libérate
Adquiera toda la serie de libros "Libérate" y "Entrenando
Soldados para la Guerra Espiritual"
Vuelva a estudiar este libro
Y Recomiende nuestras Series.**

INGRESE A NUESTRA PÁGINA

www.cristolibera.org encontrará más información, ayuda en liberación, cursos y libros que le ayudarán a adquirir más conocimientos en Guerra Espiritual.

EN NUESTRO CANAL DE YOUTUBE

https://www.youtube.com/user/gladysynestor encontrará más videos de liberaciones, enseñanzas, oraciones y conferencias.

SINTONICENOS EN NUESTRO CANAL DE TV CLI Y RADIO 24/7

https://cristolibera.org/tv-online/
https://cristolibera.org/radio/

**Roger D Muñoz
WWW.CRISTOLIBERA.ORG
CRISTO LIBERA
MINISTERIO DE LIBERACION Y SANIDAD
SEATTLE, WASHINGTON
ESTADOS UNIDOS**

Estos libros están disponibles en varios idiomas.
Pedidos:

www.cristolibera.org
www.Amazon.com
www.bookdepository.com
1(425)269-2755
USA

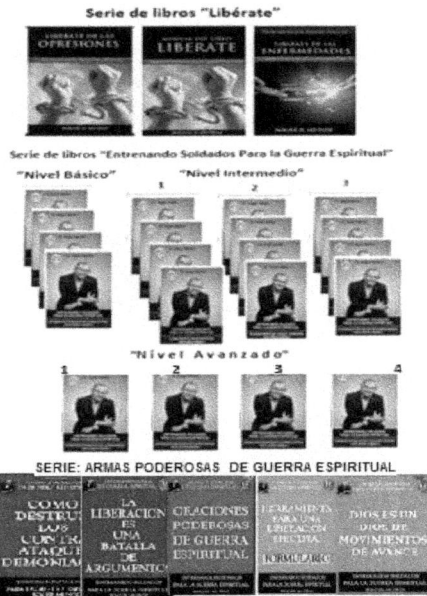

Éste libro se realizó en el año 2021 "para el ministerio carcelario" por Roger Muñoz y editado por Norma Angélica Ojéndiz con contenido básico y práctico, podrá ser utilizado para dar clases, seminarios o conferencias sobre el ejercicio de liberación en las cárceles de todo el mundo.

www.ingramcontent.com/pod-product-compliance
Lightning Source LLC
Chambersburg PA
CBHW071633040426
42452CB00009B/1606